Adeyinka Adebayo

Questões éticas no sector público na Nigéria

Adeyinka Adebayo

Questões éticas no sector público na Nigéria

ScienciaScripts

Imprint

Cover image: www.ingimage.com

This book is a translation from the original published under ISBN 978-3-659-81910-0.

Publisher:
Sciencia Scripts
is a trademark of
Dodo Books Indian Ocean Ltd. and OmniScriptum S.R.L publishing group

120 High Road, East Finchley, London, N2 9ED, United Kingdom
Str. Armeneasca 28/1, office 1, Chisinau MD-2012, Republic of Moldova, Europe
Printed at: see last page
ISBN: 978-620-8-18049-2

ÍNDICE DE CONTEÚDOS

INTRODUÇÃO

Este artigo começa por revisitar as questões éticas nos serviços públicos na Nigéria

A questão da ética está a começar a ganhar terreno na organização pública. Na Nigéria, o sector da função pública enfrenta uma miríade de problemas que vão desde a falta de disciplina entre os trabalhadores da função pública, a apropriação indevida de fundos públicos, a preguiça no trabalho, o assédio sexual, o gerencialismo, as práticas corruptas e a sua atitude fria e indiferente em relação ao seu trabalho, aos colegas e aos valores morais da comunidade.

Nas palavras de Apple em [1952:7]. Ele é da opinião de que "o desempenho moral começa na auto-disciplina individual por parte dos funcionários, envolvendo tudo o que se entende pela palavra "Carácter". Mas isto não é suficiente. O desempenho moral também requer um processo sistemático que apoie o julgamento individual do grupo, enriquecido por contribuições de pessoas com diferentes equipamentos e interesses e diferenciação de responsabilidades entre si e com toda uma responsabilidade pública. O funcionário, individualmente e em termos organizacionais, deve preocupar-se em ir além da simples honestidade para uma tutela dedicada da realidade da continuidade de um comportamento e ambiente éticos.

Tem havido um debate científico considerável sobre a forma de fazer com que o sector público funcione da melhor maneira e, em particular, sobre o papel do governo, das instituições reguladoras e da boa governação no mundo em desenvolvimento. Com (grande) poder vem (grande) responsabilidade, mas quanto e que forma de intervenção estatal (regulação governamental) é necessária para alcançar o desenvolvimento económico, a responsabilidade política, a erradicação da pobreza e outros objectivos?

Este debate permitiu uma melhor compreensão das responsabilidades do sector público e da forma como este deve interagir e interagir com os governos (eleitos), com os cidadãos, com a sociedade civil e com as empresas estrangeiras e nacionais e com as instituições empresariais privadas. Além disso, a ética e os princípios éticos podem ajudar as pessoas a tomar melhores decisões e a avaliar as decisões de outros (como os funcionários públicos).

Grande parte deste debate centrou-se na "boa governação", em termos gerais. A ética também tem feito parte deste debate, em particular a discussão sobre a ética profissional dos funcionários públicos e, em menor grau, a ética profissional e pessoal dos políticos e dos titulares de cargos electivos. Embora a ética da função pública seja o principal objeto do presente compêndio, estamos também a analisar a ética da esfera política.

Há muito que a ética é uma área de estudo controversa nas profissões de direito, política, filosofia, teologia e administração pública, medicina e outras áreas de estudo. No entanto, alguns profissionais rejeitam qualquer estudo ou teoria da ética como não sendo pertinente para o seu trabalho, preferindo confiar nas leis, nos manuais de pessoal e nas descrições de funções para definir os limites das responsabilidades do sector público. Este ponto de vista parece estar agora a perder terreno para o ponto de vista de que os administradores públicos já não são, se é que alguma vez o foram, técnicos especializados que se limitam a aplicar as decisões políticas dos decisores políticos.

Pelo contrário, os administradores públicos exercem um poder discricionário substancial (poder de decisão) por si próprios, poder esse que afecta a vida das pessoas de forma direta, duradoura e, por vezes, profunda. Além disso, pode haver razões para questionar a legitimidade das regras e das decisões políticas que os administradores públicos estão a implementar.

CAPÍTULO 1

O QUE É A ÉTICA?

Assim, durante algum tempo, houve uma escola "realista" na ciência política que rejeitava qualquer componente moral da tomada de decisões, considerando-a ingénua, uma imposição religiosa ou simplesmente hipócrita. Do mesmo modo, na economia, a visão padrão tem sido a do ser humano como um *"homo oeconomicus"*, um homem racional que tenta perseguir os seus interesses egoístas, com pouca consideração pela ética.

Muitas pessoas continuam a pensar que a ética é demasiado fraca e demasiado "simpática" para ter uma importância real no que é considerado o mundo duro, sujo e sem princípios da política. Por vezes, a ética é vista como ineficaz e um embaraço para aqueles que querem compreender corretamente o que se passa. A ética é também, por vezes, vista como negativa (dizer às outras pessoas o que não devem fazer), impraticável (porque é apoiada apenas pela consciência) e mais suscetível de apanhar os inocentes crentes do que os infractores deliberados.

A ética tem origem na tradição grega, representada pelas teorias teleológica e deontológica. Derivado do grego teleos, que significa "resultado". As teorias teleológicas enfatizam a importância de maximizar o que é "bom".

As teorias deontológicas da ética derivam do grego "deon", que significa "aquilo que é obrigatório". Também deriva da palavra grega Ooethos, que significa "hábito ou costume". A ética deontológica também tem sido designada por ética baseada no "dever" ou na "obrigação". Os deontologistas acreditam que as regras éticas "vinculam-nos ao nosso dever" e analisam a correção ou incorreção das acções em si mesmas, por oposição à correção ou incorreção das consequências dessas acções. A ética deontológica considera a nossa fidelidade aos princípios e não tem em conta as consequências de um determinado ato, ao determinar o seu valor moral.

Diferentes académicos definiram a ética a partir de perspectivas diferentes.

De acordo com French e Granrose [1995], a ética é um conjunto de orientações normativas destinadas a resolver conflitos de interesses de modo a melhorar o bem-estar da sociedade.

A ética refere-se aos princípios pelos quais se avalia o comportamento como correto ou incorreto, bom ou mau. A ética refere-se a padrões bem fundamentados de certo e errado, e prescreve o que os seres humanos devem fazer. A ética é um esforço contínuo para garantir que as pessoas, e as instituições que elas moldam, cumpram as normas que são razoáveis e têm uma base sólida.

É útil distinguir entre ética normativa e descritiva; a ética normativa descreve os padrões para a correção e a incorreção dos actos, enquanto a ética descritiva é uma investigação empírica das crenças morais das pessoas. A presente introdução ocupa-se essencialmente da ética normativa.

A lei é um promotor básico do comportamento ético. No entanto, a lei apenas estabelece um padrão mínimo de conduta ética. Só porque um ato é legal, não significa automaticamente que seja ético (pense nas leis do apartheid, por exemplo). Um ato ilegal também não é necessariamente imoral (por vezes, pode justificar-se a violação da lei).

Além disso, Thompson [1985] fornece uma boa definição do que constitui a ética administrativa. Ele enfatiza que se trata de "[a] direitos e deveres que os indivíduos devem respeitar quando agem de forma a afetar seriamente o bem-estar de outros indivíduos e da sociedade; e [b.] as condições que as práticas e políticas colectivas devem satisfazer quando afectam de forma semelhante o bem-estar dos indivíduos e da sociedade.

Também se pode dizer que são os princípios morais que regem o comportamento de uma pessoa ou a condução de uma atividade. Pode dizer-se que é um conjunto de princípios morais, especialmente os que se relacionam com ou afirmam um determinado grupo, domínio ou forma de conduta.

Segundo a Enciclopédia, a ética ou filosofia moral é o ramo da filosofia que consiste em sistematizar, defender e recomendar conceitos de conduta correta e incorrecta.

A ética consiste nas normas de comportamento aceites pela nossa sociedade.

Na sua forma mais simples, é um sistema de princípios morais. Afecta a forma como as pessoas tomam decisões e conduzem as suas vidas. A ética preocupa-se com o que é bom para os indivíduos e para a sociedade e é também descrita como filosofia moral.

Também pode ser definido como os conceitos básicos e os princípios fundamentais de uma conduta humana decente.

PORQUE É QUE A ÉTICA É IMPORTANTE?

Quando a maioria das pessoas pensa em ética, pensa em regras para distinguir entre o certo e o errado, como a "Regra de Ouro" "faz aos outros o que gostarias que te fizessem a ti". Um credo religioso como os Dez Mandamentos "não matarás..." "não roubarás..."

As normas éticas são tão omnipresentes que podemos ser tentados a considerá-las como um simples senso comum. Se a moral não fosse mais do que um senso comum, então porque é que existem tantas disputas e questões éticas na nossa sociedade?

A maioria das pessoas aprende normas éticas em casa, na escola, na igreja ou noutros contextos sociais. Podemos utilizar conceitos e princípios éticos para criticar, avaliar, propor ou interpretar leis.

Há várias razões que justificam a necessidade de respeitar as normas éticas:

1. As normas promovem os objectivos da investigação, como o conhecimento, a verdade e a prevenção de erros.
2. As normas éticas promovem os valores essenciais ao trabalho colaborativo, como a confiança, a responsabilidade, o respeito mútuo e a justiça.
3. Ajuda a garantir que as pessoas (funcionários públicos) sejam responsabilizadas perante o público.
4. Ajuda a reforçar o apoio do público aos funcionários públicos.
5. Muitas das normas promovem uma série de outros valores morais e sociais importantes, como a responsabilidade social, os direitos humanos e o bem-estar dos animais, o cumprimento da lei e a saúde e segurança.

6. Uma cultura ética forte na sua empresa é importante para proteger os seus bens. Os empregados que respeitam a ética no local de trabalho podem proteger e respeitar os bens da sua empresa.

7. As normas éticas ajudam a promover a produtividade e o trabalho em equipa. A ética no local de trabalho é essencial para promover o aumento da produtividade e o trabalho de equipa entre os funcionários públicos.

8. As normas éticas ajudam a ganhar muita imagem pública, respeito e a cultivar uma imagem forte no domínio público.

9. A conduta ética no local de trabalho incentiva uma cultura de tomada de decisões baseada na ética. Além disso, reforça a responsabilidade e a transparência aquando da tomada de decisões.

Assim, também segundo Ikeanyibe (2009, 199-200):

10. A ética, como ciência dos actos humanos, fornece as normas pelas quais as relações entre os homens são reguladas. Mostra o que essas relações devem ser e indica as razões que exigem que sejam assim.

11. A ética, enquanto ciência aplicada, é fundamental para outros domínios de estudo e de prática. É importante porque orienta/ estipula códigos que guiam as acções humanas em muitos aspectos da vida.

12. Reafirma a singularidade do homem entre as outras criaturas, tendo em conta o facto de a vida humana ser uma auto-construção ética.

13. Em maior medida, o estudo da ética facilita a formação de atitudes fundamentais para a vida. A formação em ética deve permitir-nos ver os defeitos da nossa conduta e da dos outros e compreender a sua natureza exacta, de modo a podermos corrigir a nossa própria conduta e fazer sugestões úteis aos outros.

14. Funciona como uma estratégia social para melhorar a vida humana através da preservação de um ecossistema mais humano e para alcançar a harmonia social e global. Assim, facilita os valores sociais comuns, recompensa/reforça os valores positivos.

15. Tem uma ligação estreita com a religião, o que implica que partilha uma

afinidade estreita com a religião. A maioria das religiões assenta no princípio fundamental de que a boa conduta será recompensada e a má/maldade punida. Esta ligação com a religião fornece uma razão última para as acções corretas e a aversão ao mal.

CAPÍTULO 2

ANTECEDENTES HISTÓRICOS DA FUNÇÃO PÚBLICA NA NIGÉRIA

Chegou o momento de discutir a Função Pública da Nigéria em termos concretos. Para o fazer de forma eficaz. É importante que tenhamos uma ideia de como ela evoluiu e cresceu, através de iniciativas de reforma e políticas práticas. A Função Pública da Nigéria, da qual emergiu a atual Função Pública Federal, tem uma origem que não pode ser retirada de Whitehall.

Okunade [1986] remonta a origem da Função Pública da Nigéria a 1857, o ano da conquista e anexação de Lagos pelo Governo britânico, proclamando-a assim uma colónia, tendo sido criada "uma função pública rudimentar" [Olusanya, 1973].

A criação formal de uma verdadeira função pública nigeriana ocorreu em 1954. Até então, o país era governado por funcionários de uma entidade administrativa [Adamolekun, 1989:41]. Em 1948, a componente nigeriana do serviço colonial foi formalmente constituída como uma unidade distinta e a sua gestão foi confiada a um Comissário da Função Pública no Secretariado central em Lagos. O Serviço Civil Colonial colocou o Governador-Geral no topo da burocracia e definiu as suas funções e outras esferas de influência.

Em 1949, o serviço público centralizado imposto à Nigéria em 1914 já se encontrava sob grande tensão. Uma das pressões desestabilizadoras era a crescente centralização das organizações sindicais e o impacto desarmante da primeira ação industrial a nível nacional, em 1945. Para travar esta ação dos sindicatos, o Ministério do Interior em Londres viu a necessidade imperiosa de uma política de descentralização, a necessidade de nomear nigerianos para cargos no serviço público na altura.

Em maio de 1948, foi criada uma comissão de inquérito presidida pelo Sr. Hugh Foot, o então Secretário-Chefe do Governo, para analisar a política a aplicar na nomeação de nigerianos para cargos nos serviços públicos. A comissão estabeleceu um quadro descentralizado para a Função Pública, o que foi feito através do nascimento do Conselho Regional da Função Pública e do Conselho Central da Função Pública, o precursor do

Atualmente, a Comissão Federal da Função Pública e as Comissões de Serviço do Estado.

O objetivo deste olhar histórico é compreender que as Comissões da Função

Pública se dividem em Comissão da Função Pública Federal, para os que trabalham nos organismos paraestatais federais, e Comissão da Função Pública Estatal, para os que trabalham com os governos estaduais. O nascimento das Comissões da Função Pública Federal e Estatal e o facto de o tempo de serviço não ser tão importante como o local de serviço CHUKS NWAZE?

A Comissão da Função Pública surgiu a partir da Função Pública nas décadas coloniais de 1940. A Comissão da Função Pública administrava grande parte da função pública e estava sob a alçada do gabinete do secretário-geral em Lagos.

No entanto, em 1954, com uma alteração constitucional que declarou a Nigéria uma federação composta pelas regiões Norte, Oeste e Leste e por Lagos e os Camarões do Sul, foi criada uma entidade jurídica responsável pela função pública das regiões e também um organismo federal da função pública. As Comissões Regionais da Função Pública eram oriundas das suas congéneres britânicas que, na altura, se ocupavam principalmente do recrutamento governamental.

As Comissões foram incumbidas de desempenhar funções politicamente independentes, tais como promoções, nomeações, transferências, despedimentos e acções disciplinares relativas à função pública.

Em 1958, uma alteração constitucional reforçou a independência dos membros da comissão com a garantia de cinco [5] anos de serviço no conselho de administração e a atribuição de poderes executivos aos membros que não actuam apenas como consultores.

Durante o período de independência, a Comissão desempenhou um papel importante no processo de nigerianização da função pública regional. O resultado foi uma redução gradual da predominância de pessoal expatriado na função pública desde meados da década de 1950.

A Nigéria tornou-se totalmente independente em outubro de 1960, ao abrigo de uma constituição que previa um governo parlamentar e uma medida substancial de auto-governo para as três regiões do país. Desde então, vários painéis estudaram e fizeram recomendações para a reforma da função pública. O decreto de reorganização da função pública de 1988, promulgado pelo General Ibrahim Babaginda, teve um grande impacto na estrutura e eficiência da função pública. O relatório posterior do Painel Ayida fez recomendações para inverter algumas das inovações do passado e regressar à função pública mais eficiente dos anos anteriores.

No entanto, durante esse período, já existia uma Comissão da Função Pública sediada em Lagos, mas que se limitava a acções disciplinares contra funcionários superiores da função pública.

A função pública tem vindo a ser objeto de reformas e reestruturações graduais e sistemáticas desde 29 de maio de 1999, após décadas de regime militar. No entanto, a função pública continua a ser considerada estagnada e ineficaz, e as tentativas feitas no passado pelos painéis tiveram pouco efeito.

CAPÍTULO 3

SERVIÇO PÚBLICO

O sector público na Nigéria existe para impulsionar o desenvolvimento socioeconómico e para evitar o controlo da economia pelo domínio e exploração estrangeiros, mas o desempenho do sector tem estado repleto de contradições variadas (Adeyemo e Salami, 2008).

A expressão "serviço público" é a fusão de duas palavras. "Público" e "Serviço".

Público, de acordo com o significado do dicionário, significa poder ser visto ou conhecido por toda a gente; aberto à vista geral, acontecendo sem ocultação. É também a representação oficial da comunidade; efectuada ou financiada pelo Estado em nome da comunidade, fornecida pelas autoridades nacionais ou locais e apoiada por dinheiro proveniente dos impostos.

Enquanto o serviço é o estado de subordinação ou de emprego de um indivíduo ou de um grupo. De acordo com Mariam Wright Edelman, o serviço é o aluguer que pagamos para viver. É o próprio objetivo da vida e não algo que se faz nos tempos livres.

Além disso, pode dizer-se que um serviço é um ato de ajuda a outros com uma necessidade ou desejo específico. Neste caso, os serviços vão desde um médico que cura uma doença, a um reparador ou a uma despensa de alimentos.

As raízes do Serviço Público remontam ao Juramento de Atenas, jurado pelos cidadãos da Antiga Antenas para servir os seus concidadãos, que diz o seguinte

> "Nunca traremos desgraça a esta nossa cidade,
>
> Por qualquer ato de desonestidade ou cobardia;
>
> Nem nunca abandonar os nossos camaradas que sofrem nas fileiras;
>
> Lutaremos pelas coisas ideais e sagradas da cidade,
>
> Tanto sozinho como com muitos;
>
> Reverenciaremos e obedeceremos às leis da cidade
>
> E fazer o nosso melhor para incitar o mesmo respeito naqueles que estão acima de nós,
>
> Que são propensos aos animais ou que os põem em causa,

Esforçar-nos-emos incessantemente por despertar os cidadãos para o dever cívico.

Assim, de todas estas formas,

Transmitiremos esta cidade não só, nem menos,

Mas maior e mais belo do que nos foi transmitido".

A vocação para o serviço público está no cerne da administração pública e baseia-se num "dever... ou num empenhamento interior intenso numa causa que ultrapassa as exigências do momento".

Incorpora os princípios éticos do bem comum - serviço aos outros e equidade social. O serviço público é importante porque os objectivos essenciais da nossa sociedade são realizados em grande parte na esfera pública: educação pública, saúde pública, justiça e segurança, proteção do ambiente, museus, universidades, etc.

O serviço público nigeriano evoluiu a partir do serviço colonial com as suas raízes históricas britânicas de uma sociedade independente? O que é então um serviço público? Como é que o nosso serviço público evoluiu desde a sua criação até à excelência?

Em termos genuínos, o serviço público é um sistema de emprego que se baseia na contratação, manutenção e promoção de trabalhadores com base nas suas qualificações e capacidade de trabalho.

Segundo o Encarta World English Dictionary (1999:349), a função pública é constituída por todos os departamentos governamentais de um Estado e pelas pessoas que neles trabalham. É uma instituição que tem como raiz principal a execução (e o aconselhamento) das políticas governamentais.

O Manual da Função Pública [1997:17] é mais enfático e descreve a função pública como um corpo ou órgão que goza de continuidade de existência. Quando um funcionário público abandona o seu cargo, seja qual for a razão, o seu lugar é ocupado por outra pessoa que goza igualmente de segurança de emprego. O funcionário público é também obrigado a contribuir para a formulação e aplicação das políticas aprovadas pelo governo, independentemente das suas opiniões pessoais e privadas ou da sua atitude em relação a essas políticas. O serviço público é também indispensável, independentemente do tipo de governo no poder (regime militar ou democrático).

Os serviços públicos tornam o Estado visível para os seus cidadãos, constituindo frequentemente o principal elo tangível entre o governo e a sua população. Os serviços públicos transportam e difundem os valores das novas nações e contribuem para a ligação entre o Estado e os cidadãos.

O serviço público é um serviço prestado pelo governo às pessoas que vivem sob a sua jurisdição, quer diretamente (através do sector público), quer através do financiamento da prestação de serviços.

Os serviços públicos são considerados tão importantes que, por razões morais, a sua prestação universal deve ser garantida.

A Função Pública é um órgão consultivo e executivo do governo, encarregado de fazer recomendações à liderança política necessária em matéria de promoções, transferências, despedimentos e recrutamento de pessoal para a função pública.

O serviço público é um serviço prestado ou apoiado por um governo ou pelas suas agências. É também uma agência envolvida na prestação de serviços públicos para ou em nome de um governo. É também o serviço responsável pela administração pública do governo de um país. Exclui os poderes legislativo, judicial e militar. É também a gestão e administração dos assuntos de uma unidade política, especialmente a função pública.

De acordo com o inglês britânico, o serviço público é algo como cuidados de saúde, transportes ou remoção de resíduos que é organizado pelo governo ou por um organismo oficial para beneficiar todas as pessoas numa determinada sociedade ou comunidade.

CAPÍTULO 4

QUEM SÃO OS FUNCIONÁRIOS PÚBLICOS?

De acordo com o Free Dictionary, o American Heritage Dictionary of the English, um funcionário público é uma pessoa que ocupa um cargo público por eleição ou nomeação ou um emprego por eleição ou nomeação.

Um funcionário público é uma pessoa do sector público que trabalha para um departamento ou agência governamental. O número de funcionários públicos de um Estado que fazem parte da "função pública" varia de país para país.

Espera-se que os funcionários públicos respeitem este Código e demonstrem os valores do sector público nas suas acções e comportamentos.

Além disso, os funcionários públicos devem também aderir às expectativas comportamentais definidas nos respectivos códigos de conduta organizacionais. Se um funcionário público não respeitar estes valores e expectativas, pode ser objeto de medidas administrativas ou disciplinares que podem ir até à rescisão do contrato de trabalho.

Os funcionários públicos que também são gestores estão numa posição de influência e autoridade que lhes confere uma responsabilidade especial de exemplificar os valores do sector público.

COMPORTAMENTOS ESPERADOS DE UM FUNCIONÁRIO PÚBLICO

Os funcionários públicos federais devem comportar-se de acordo com os valores do sector público e com estes comportamentos esperados.

1. RESPEITO PELA DEMOCRACIA

Os funcionários públicos devem defender a democracia do país e as suas instituições

- ❖ Respeitar o Estado de direito e aplicar a sua legislação, políticas e diretivas de forma apartidária e imparcial.
- ❖ Cumprir com lealdade as decisões legais dos seus líderes e apoiar os ministros na sua responsabilidade.
- ❖ Fornecer aos decisores todas as informações, análises e conselhos de que

necessitam, esforçando-se sempre por ser aberto, franco e imparcial.

2. RESPEITO PELAS PESSOAS

Os funcionários públicos devem respeitar a dignidade humana e o valor de cada pessoa:

- Tratar todas as pessoas com respeito e justiça.
- Valorizar a diversidade e a vantagem de combinar as qualidades e os pontos fortes únicos inerentes a uma força de trabalho diversificada.
- Ajudar a criar e manter locais de trabalho seguros e saudáveis, livres de assédio e discriminação.
- Trabalhar em conjunto num espírito de abertura, honestidade e transparência que encoraje o envolvimento, a colaboração e a comunicação respeitosa.

3. INTEGRIDADE

Os funcionários públicos devem servir o interesse público da seguinte forma

- Atuar sempre com integridade e de forma a suportar o mais rigoroso escrutínio público, uma obrigação que pode não ser totalmente satisfeita pela simples atuação dentro da lei.
- Nunca utilizar as suas funções oficiais para obter indevidamente uma vantagem para si próprio ou para favorecer ou prejudicar terceiros.
- Tomar todas as medidas possíveis para prevenir e resolver quaisquer conflitos de interesses reais, aparentes ou potenciais entre as suas responsabilidades oficiais e os seus assuntos privados, em prol do interesse público.
- Atuar de forma a manter a confiança do empregador.

4. ADMINISTRAÇÃO

Os funcionários públicos devem utilizar os recursos de forma responsável

- Utilizar de forma eficaz e eficiente os dinheiros, bens e recursos públicos por si geridos.
- Considerando os efeitos actuais e a longo prazo que as suas acções têm sobre

as pessoas e o ambiente.

- Adquirir, preservar e partilhar conhecimentos e informações, conforme adequado.

5. EXCELÊNCIA

Os funcionários públicos devem demonstrar excelência profissional ao

- Prestar serviços justos, atempados, eficientes e eficazes que respeitem as línguas oficiais do país.
- Melhorar continuamente a qualidade das políticas, programas e serviços que prestam.
- Fomentar um ambiente de trabalho que promova o trabalho em equipa, a aprendizagem e a inovação.

PORQUÊ A ÉTICA NO SECTOR PÚBLICO?

Os "outros" que são os portadores dos deveres e obrigações de nos proporcionar os nossos direitos legais e morais, liberdades e bem-estar são geralmente entendidos como o Estado ou o *sector público.* O Estado não é apenas, na teoria ética dos direitos positivos e convencionais, o principal fornecedor de direitos e de bem-estar, mas é também o principal fornecedor de direitos, tal como são entendidos pela maioria das pessoas e na maioria das circunstâncias. Por outras palavras, os deveres negativos são uma obrigação para todos, enquanto os deveres positivos são o dever de um grupo ou instituição em particular, normalmente o Estado.

O sector público ou o Estado é o governo com todos os seus ministérios, departamentos, serviços, administrações centrais/provinciais/locais, empresas para-estatais e outras instituições. O sector público é composto por dois elementos fundamentais: a nível político, existem as instituições políticas onde são formuladas as políticas e tomadas as (grandes) decisões e, a nível administrativo, existe a administração do sector público, que é responsável pela execução dessas políticas e decisões. Este nível de execução é também designado por função pública, administração do Estado ou burocracia. No entanto, a distinção entre política e administração não é totalmente clara, porque a administração também tem alguns poderes discricionários.

As actividades do sector público vão desde a segurança social, a gestão do planeamento urbano e a organização da defesa nacional até à prestação de cuidados de saúde, escolas e estradas. Em princípio, não há limites para o que o Estado pode fazer. No entanto, muito se discute sobre até que ponto o Estado deve intervir, tanto nos sectores económicos como na vida privada dos seus cidadãos. Trata-se de uma questão política, e o debate sobre o papel e a dimensão do Estado e do sector público (por oposição ao sector privado) é provavelmente a linha divisória mais importante na filosofia política, com os socialistas a preferirem um maior envolvimento do Estado, os libertários a favor de um envolvimento mínimo do Estado (segurança e proteção da propriedade), enquanto os conservadores e os liberais favorecem o envolvimento do Estado em alguns aspectos da sociedade, mas não noutros.

A ética raramente é uma questão de preocupação no debate ideológico sobre o papel do Estado, mas é uma preocupação natural na discussão sobre o papel efetivo dos políticos e da administração do Estado. Independentemente da dimensão e do papel que o Estado desempenha (e supostamente desempenha), tanto os políticos como os funcionários públicos têm poderes discricionários; tomam decisões que afectam muitas pessoas. Por conseguinte, estas decisões devem basear-se em alguma forma de ética. Por exemplo, o público (os cidadãos de uma nação) espera normalmente que os políticos e os funcionários públicos do país sirvam o interesse público e actuem de forma racional e eficiente.

Não querem que eles prossigam interesses particulares, pessoais ou de grupo.

A ética profissional e do sector público dos funcionários públicos e dos políticos é um pouco diferente da ética pessoal dos indivíduos. Para além dos valores e princípios éticos pessoais dos indivíduos (como o respeito pelos outros, a honestidade, a igualdade, a justiça, etc.), o funcionário público profissional enfrenta outro contexto e um conjunto adicional de valores e princípios. Embora o sector público seja um labirinto de agências com diferentes tarefas, linhas de reporte, níveis de responsabilidade e culturas éticas, estamos à procura destes princípios "universais" ou básicos do serviço público.

Existem também algumas diferenças entre a ética do sector público e a ética do sector privado (empresarial). O objetivo da corporação ou empresa privada é, em geral, ganhar dinheiro, ao passo que o sector público se destina a desempenhar funções para a sociedade no seu conjunto, de acordo com prioridades gerais e políticas. Por exemplo, uma empresa privada pode optar por doar uma parte dos seus lucros a uma instituição de caridade, mas uma agência pública pode ser proibida de fazer tal gesto com fundos públicos (sem um mandato específico para o fazer). O contexto é diferente e os princípios de funcionamento entre o sector público e o sector empresarial são diferentes.

De acordo com Kinchin (2007), a ética do serviço público baseia-se (deveria basear-se) em cinco virtudes básicas: justiça, transparência, responsabilidade, eficiência e ausência de conflito de interesses. No entanto, existem outros princípios em funcionamento e os funcionários públicos enfrentam vários dilemas, por exemplo, quando a ética privada dos burocratas colide com a sua ética profissional de trabalho público ou com as culturas organizacionais.

CAPÍTULO 5

QUESTÕES NÃO ÉTICAS

No entanto, é digno de nota, neste momento, que as questões éticas obrigaram vários governos a introduzir uma forma de legislação para travar este monstro. Os problemas éticos tornaram-se vermes que estão a corroer profundamente as medulas ósseas das Comissões Federais e Estaduais da Função Pública na Nigéria. Trata-se de um cancro que se espalha sem dó nem piedade por todos os cantos e recantos dos nossos sectores públicos. Esta situação é endémica entre os funcionários públicos. Há alguns comportamentos pouco éticos que são habitual e frequentemente demonstrados pelos funcionários públicos, entre os quais

1. CORRUPÇÃO

Peço a vossa compreensão para pintar um retrato do funcionário público médio aos olhos da sociedade, a fim de colocar a questão na sua devida perspetiva concetual;

Trabalha num ministério, departamento ou agência do Governo.

O seu grau, nível e emolumentos são graduados de acordo com as suas habilitações literárias.

Na maioria das vezes, não é remunerado adequadamente, uma vez que a produtividade não é um fator determinante, mas sim a presença física.

Tem direito a uma pensão e a uma gratificação aquando da desvinculação. **Chuks [2012]**

Um funcionário público quer estar à altura dos seus pares, colegas de idade ou colegas de escola no sector privado. Essencialmente, trabalhará, reformar-se-á e provavelmente morrerá, um homem pobre, se não se envolver em actividades corruptas enquanto estiver ao serviço, seja de forma encoberta ou aberta, dependendo da sua posição, local de trabalho e disposição pessoal. Então, como é que o funcionário público médio sobrevive às dores perenes da pobreza abjecta e da espartanidade? Não há dúvida de que o suborno e a corrupção constituem o seu stock -in- trade em várias unidades governamentais, especialmente nos escalões inferiores e médios da escala de serviço.

A Transparency International (TI: 2011) define operacionalmente a corrupção como o uso indevido do poder que lhe foi confiado para benefício privado ou o uso de um cargo público para benefício privado. Por outras palavras, a utilização de uma posição oficial, posto ou estatuto por um titular de cargo público para seu benefício pessoal constitui corrupção. Por conseguinte, o comportamento corrupto inclui o suborno, a fraude, o roubo de recursos públicos, a parcialidade, o favoritismo, a apropriação de bens públicos para uso privado, etc.

No entanto, nos últimos tempos, verifica-se um crescimento astronómico da corrupção no sector público. Os escândalos de corrupção e as alegações de desonestidade afectaram claramente a confiança que os cidadãos depositam nos representantes e funcionários públicos. Davis (2009) afirmou que o resultado da desconfiança dos cidadãos em relação ao sector público foi a apatia em relação à atividade democrática em muitos países da OCDE. O autor observou que níveis elevados de corrupção teriam um impacto negativo no desempenho económico. A corrupção é o nível mais elevado de comportamento não ético.

Na Nigéria, as consequências dos elevados níveis de corrupção podem ser facilmente observadas no estado das estradas, na insuficiência inimaginável do fornecimento de eletricidade, no nível de educação, na proliferação de igrejas e na insurreição das milícias.

Desde então, os nigerianos perderam a confiança no sector público. Os elevados níveis de corrupção na Nigéria podem ser atribuídos ao enfraquecimento, à inexistência ou à não observância de códigos de ética na função pública.

A parte mais chocante da corrupção generalizada na Nigéria é o facto de já não estar dentro dos parâmetros da definição de corrupção da TI; já não está limitada aos políticos ou aos funcionários públicos. Tornou-se muito comum em todos os sectores da sociedade, a todos os níveis. Prevalece não só entre os ricos, que são gananciosos apesar de possuírem o suficiente, mas também entre os pobres. O facto é que uma enorme população de nigerianos (Onyishi, 2012: p. 48) está atualmente envolvida em práticas corruptas de uma forma ou de outra, quer devido à ganância, quer devido à chamada compulsão antiética para acumular riqueza pública. As pessoas chegaram ao ponto de adulterar géneros alimentícios como o leite, medicamentos que salvam vidas, pneus de automóveis e suplementos alimentares (NAFDAC: relatório de 2010). A imagem e a integridade social da Nigéria foram afectadas pela corrupção.

2. POLITICAGEM

Sugere-se que, devido à crescente intervenção política nos últimos anos, o serviço público foi comprometido e a sua posição ética enfraquecida. O modelo weberiano foi desvalorizado pelos políticos e pelo managerialismo. Os chefes oficiais dos departamentos governamentais podem agora ser nomeados e demitidos por razões políticas. Se se estiver "de acordo" com o governo do dia, é mais provável que se seja nomeado para um cargo superior. A seleção e a promoção podem seguir os canais normais e legais, mas os factores políticos podem dominar.

O aumento da dimensão e da influência dos gabinetes privados dos ministros, dotados de pessoal nomeado politicamente, e dos consultores externos, enfraqueceu o contributo ético da função pública. A posição ética do serviço baseou-se em parte no facto de os chefes de departamento serem politicamente neutros e poderem servir qualquer governo. Podiam dar "conselhos francos e destemidos" aos ministros. Conselhos baseados na experiência, nos conhecimentos, na imparcialidade e no empenhamento no interesse público. Sugere-se que este contributo crucial para a política e a tomada de decisões tenha sido restringido.

A Comissão da Função Pública, independente e estatutária, responsável pela salvaguarda da integridade do serviço, já não tem as funções e os poderes que tinha anteriormente. Existe também o conceito de "politicamente correto", que sugere que determinado comportamento é esperado em relação a grupos específicos da comunidade, como os grupos étnicos. Isto pode levantar questões éticas, pois o que é politicamente correto pode estar em conflito com valores como a honestidade, a equidade e o mérito.

3. ENGANO DELIBERADO

A ética baseia-se no reconhecimento de certos direitos humanos. Um indivíduo tem o direito de não ser deliberadamente enganado; tem o direito de não ser forçado a ir contra a sua consciência. Tem o direito de esperar que as outras partes cumpram os seus compromissos e se comportem de acordo com a lei.

A fraude deliberada no local de trabalho inclui ficar com os louros do trabalho efectuado por outra pessoa, telefonar a dizer que está doente para ir à praia ou a uma festa, sabotar o trabalho de outra pessoa e, nas horas de expediente, fazer corridas comerciais com os seus carros pessoais quando deveriam estar na sua secretária a trabalhar como aparecem, ajudando-se mutuamente a assinar o registo de presenças.

Existem outros exemplos de Engano Deliberado, mas este mostra como o engano pode ser prejudicial ao utilizar a confiança de uma pessoa para minar os seus direitos e segurança. Num ambiente de trabalho, isto resulta em conflitos e retaliações.

Além disso, um funcionário público que não esteja autorizado a utilizar a Internet para fins pessoais comete um ato pouco ético ao fazer compras em linha durante o trabalho. Para além do tempo gasto em navegação na Internet sem objetivo, a utilização abusiva do tempo pode consistir em prolongar as pausas para além do tempo previsto, reunir-se à volta do bebedouro ou participar em longas sessões de coscuvilhice durante o tempo de trabalho, falsificar folhas de presença, chegar tarde ao trabalho ou sair mais cedo e fazer recados pessoais durante uma visita oficial.

4. VENDA DE INFORMAÇÕES OU ESPIONAGEM

Espionagem, que significa simplesmente, de forma casual, espionagem que envolve uma rede de espionagem, um governo e uma empresa ou firma ou indivíduo que obtém informações consideradas secretas ou confidenciais sem a autorização do detentor da informação.

A espionagem é intrinsecamente clandestina, uma vez que se parte do princípio de que é indesejável e, em muitos casos, ilegal e punível por lei.

Trata-se de um subconjunto da "recolha de informações", que, de resto, pode ser efectuada a partir de fontes públicas e utilizando meios perfeitamente legais e éticos.

No entanto, o termo é geralmente associado ao funcionário público que espia o governo com objectivos de traição.

Recentemente, a entrada do grupo terrorista Boko Haram na Nigéria em lugares e escritórios importantes e elevados, como quartéis do exército e esquadras de polícia em Abuja, deveu-se à venda de informações confidenciais a estas seitas. As fugas das prisões de Kaduna, Sokoto e Kano resultaram da venda de informações por um dos funcionários públicos. Recentemente, dezoito soldados compareceram perante um Tribunal Marcial Geral em Jos, no Estado de Plateau, por terem ajudado membros da seita fundamentalista islâmica Boko Haram.

5. PESQUISA E LOCALIZAÇÃO DE FICHEIROS E OUTROS DOCUMENTOS

Os funcionários públicos recebem dinheiro dos contratantes e das partes afectadas ou interessadas para procurar, localizar e acompanhar os processos e outros documentos que requerem a atenção do chefe. Um dossier pode também desenvolver subitamente asas e desaparecer se as expectativas não forem satisfeitas. Lembro-me de um caso de uma viúva reformada do ministério. No decurso da transferência do seu dossier de uma mesa para outra para o processamento da sua pensão e gratificação, o seu dossier desapareceu, foi feita uma busca e um escrutínio vigorosos, mas o dossier não foi encontrado, mas alguém lhe disse para engraxar a palma da mão de algumas pessoas, após o que o dossier foi encontrado debaixo do tapete do gabinete de um mensageiro.

6. GRATIFICAÇÃO POR SERVIÇOS PRESTADOS

Um funcionário público normal não faz um recado de graça. Não há lançamentos gratuitos numa cidade gratuita. Têm a noção de que se eu vos coço as costas, vocês também têm de coçar as minhas. Estão dispostos a fazer um recado por si quando o gratifica e lubrifica a sua palma.

À luz da discussão anterior, a decadência consequente deste comportamento pouco ético está a fazer-se sentir na economia e no desenvolvimento social da Nigéria. Nunca é demais sublinhar os danos que os problemas pouco éticos causaram e continuam a causar. Isto provocou um crescimento retardado nas áreas social, económica e política do país.

7. CONDUTA ILÍCITA

O preenchimento de uma conta de despesas com despesas não profissionais, a invasão do armário de materiais para levar para casa canetas e livros de apontamentos e a distribuição de software não registado ou contrafeito são exemplos de conduta ilegal. A venda ambulante de produtos e de corpos, predominante entre as trabalhadoras, que transformaram os seus vários gabinetes em boutiques. As que não podem vender o seu corpo. Quem faz tudo isto *arrisca-se* a perder o seu emprego.

Se uma empresa decidir ignorar este tipo de roubo com base na manutenção da moral dos empregados, não despedindo um empregado popular, outros empregados também roubarão para sentirem que estão a receber o mesmo que o seu colega de trabalho.

Também roubam tempo ao governo, uma vez que o governo, seja a nível federal, estatal ou local, está a compensar os funcionários públicos e não recebe qualquer produtividade em troca.

8. ASSÉDIO SEXUAL E INTIMIDAÇÃO

Um funcionário público pode ter um comportamento pouco ético ao assediar sexualmente os seus colegas de trabalho. Isto pode envolver comentários obscenos, toques inadequados ou avanços sexuais não desejados. A intimidação envolve normalmente a tentativa de intimidar um colega de trabalho, fazendo comentários humilhantes sobre ele ou ela, espalhando boatos ou mesmo fazendo ameaças verbais ou físicas. Em geral, um agressor tenta tornar o local de trabalho o mais desconfortável possível para um colega de trabalho. Nalguns casos, a intimidação contínua pode evoluir para violência no local de trabalho.

9. GERENCIALISMO

A nova gestão pública ou gerencialismo está bem estabelecida na Nigéria. Continua a levantar questões éticas para o sector público. A ideia era reduzir os custos do sector público e melhorar o seu desempenho. Foram introduzidos os ideais e as técnicas das empresas privadas baseadas no mercado. Foi abolido o estatuto de funcionário público.

Os cargos e os pacotes salariais baseiam-se atualmente em contratos e no desempenho. A privatização e a "subcontratação" são outra inovação e os concursos públicos e a remuneração dos utilizadores são a norma. Há também mais exigências de controlo. Os serviços lidam com consumidores e clientes e não com cidadãos; o desempenho e a redução de custos são as prioridades e não o interesse público.

Os direitos dos cidadãos são substituídos pela obrigação de pagamento por parte do consumidor. O gerencialismo é orientado por objectivos, enquanto a administração pública também se preocupa com os meios utilizados para atingir os fins. A eficácia e a eficiência são valores do gerencialismo, mas também podem levar a uma dessensibilização dos aspectos humanos da administração.

Os cidadãos exigem respeito, justiça, integridade, imparcialidade e compreensão. Os funcionários públicos são moral e eticamente obrigados a atuar em nome do cidadão, que é mais do que um consumidor. As empresas privadas são obrigadas a ganhar dinheiro com os seus clientes. O serviço público é o guardião do interesse público e não do interesse privado de grupos particulares.

10. OS CUSTOS DA ÉTICA NO SECTOR PÚBLICO

A ética no sector público, incluindo os direitos dos cidadãos, tem um custo para a comunidade. Há os custos financeiros da manutenção de um sistema de acompanhamento, controlo e recursos. Os funcionários públicos envolvidos têm menos tempo para o seu trabalho a tempo inteiro.

Vários especialistas, nomeadamente advogados, exigem salários elevados. Os escassos recursos humanos, incluindo os altos funcionários, são colocados sob maior pressão. Os recursos podem ser desviados de áreas carenciadas. Há o custo do tempo e o custo do atraso dos projectos. Os atrasos prolongados podem constituir uma forma de injustiça. A crescente intervenção do governo na sociedade e a extensão dos direitos dos cidadãos aumentam a complexidade e o custo da administração e das empresas. As empresas têm de lidar com a burocracia, mas agora há também a burocracia verde dos requisitos ambientais e das alterações climáticas. As ONG, os advogados e os cidadãos são mais activos na interposição de acções contra o sector público. Algumas acções podem ser vexatórias para tentar obter dinheiro do Estado. Desenvolveu-se uma mentalidade entre os elementos da sociedade que estão conscientes dos seus direitos mas não das suas responsabilidades.

Estas atitudes também se verificam entre os funcionários públicos, incluindo uma maior vontade de procurar resolver questões de equidade pessoal dentro do serviço. Os funcionários públicos em posições regulamentares podem estar conscientes dos seus poderes e ser bastante legalistas na utilização desses poderes. De um modo geral, a sociedade tornou-se mais legalista e os organismos públicos e outros apoiaram mais leis e regulamentos para proteger os direitos, mas também para proteger as suas posições. Estes factores conduziram a uma maior cautela e dependência dos regulamentos.

O sector público é mais forte em questões de equidade e talvez em questões éticas, mas isso tem um custo considerável, que inclui menos liberdade e flexibilidade, maior dependência do governo e uma maior confiança dos cidadãos no governo.

CAPÍTULO 6

RECOMENDAÇÕES

De acordo com **Ogundele**, **Hassan** e **Adebakin (2007)**, estes são da opinião de que a promoção do comportamento ético deve ter lugar nas organizações privadas e em todos os ramos do governo. Afirma-se que, quando as nações, as sociedades e outras formas de organização perdem o sentido do seu objetivo e significado, surgem a confusão, a frustração, o desânimo e o suicídio empresarial.

São sugeridas abordagens para promover comportamentos éticos:

* Sanções e castigos

São impostas sanções pesadas tanto aos indivíduos como às organizações que violam a ética empresarial e social. A sanção deve ser pesada e imediata, de modo a servir de dissuasor para outros infractores. Se os infractores não forem punidos, isso tende a encorajar outras pessoas com potencial para cometerem crimes. Uma sanção rigorosa pode ser suficiente para desencorajar e refrear comportamentos pouco éticos e fazer com que as pessoas obedeçam a instruções, costumes ou leis. As sanções rigorosas foram exemplificadas durante o regime Buhari/Idiagbon 1983-1985 na Nigéria, onde as pessoas tinham medo de violar leis, regras, regulamentos, etc., concebidos para o bem de todos.

* Campanha moral

Este método ajuda a inaugurar uma propaganda e uma campanha maciças que apelam a um comportamento disciplinado e a práticas de valores morais entre os sectores públicos. Trata-se de uma evangelização moral do que existe atualmente. Esta doença mortal da decadência moral deve ser tratada nas organizações públicas, privadas e governamentais.

Os perigos inerentes à perpetração de condutas não éticas devem ser realçados.

Recompensa de Comportamento Ético Excecional

Numa situação ou situações em que um indivíduo demonstre um ato notável de comportamento disciplinado, esse comportamento deve ser recompensado em termos de estatuto, dinheiro e espécie.

❖ Iluminação

Educação, formação e desenvolvimento maciços nas escolas, colégios e universidades. A ética deve tornar-se uma disciplina obrigatória, transversal a todas as disciplinas. Como todos sabemos, a educação é a base de todo o desenvolvimento de qualquer sociedade, a educação mata o flagelo das doenças, da ignorância, das superstições, da pobreza e do medo.

❖ Renascimento da cultura de excelência

Os valores, a ética e as culturas devem ser restaurados; por exemplo, a África tinha uma cultura de excelência robusta que a modernização e a civilização tinham roubado ao seu tecido social.

❖ Desenvolvimento profissional dos códigos de ética

Para recuperar a sanidade e ganhar respeitabilidade por parte do mundo exterior e dos potenciais investidores estrangeiros, as organizações privadas, públicas e governamentais precisam de elaborar códigos de ética. Note-se que os organismos profissionais, por exemplo, a medicina, a engenharia, o direito, etc., têm códigos de conduta éticos. Um problema grave exige uma solução igualmente grave.

❖ Religiosidade

Trata-se da aplicação de doutrinas consagradas numa determinada religião como o único quadro admissível para determinar o certo e o errado.

Nunca é demais sublinhar a importância da ética na condução dos assuntos humanos e da administração pública. Isto baseia-se no facto de que, enquanto ciência e sistema de moral que define/estabelece o código ou conjunto de princípios pelos quais os homens vivem, a vida humana e a governação serão desprovidas de ordem sem ética. A ética administrativa deve garantir a atração de pessoal qualificado, motivado e bem comportado para a função pública, a fim de travar a maré de condutas pouco éticas nas organizações públicas. Os funcionários públicos precisam de conhecer os princípios e as normas de base que devem aplicar ao seu trabalho e saber onde se situam os limites de um comportamento aceitável.

❖ Os sete princípios da vida pública

Os Sete Princípios da Vida Pública aplicam-se a todas as pessoas que trabalham como titulares de cargos públicos. Isto inclui todos aqueles que são eleitos ou nomeados para cargos públicos, a nível nacional e local, e todas as pessoas nomeadas para trabalhar na função pública, na administração local, na polícia, nos tribunais e nos serviços de reinserção social, nos NDPBs e nos serviços de saúde, educação, sociais e de assistência. Todos os titulares de cargos públicos são simultaneamente servidores do público e administradores de recursos públicos. Os princípios também se aplicam a todos os que, noutros sectores, prestam serviços públicos.

AUTOESTIMA

Os titulares de cargos públicos devem atuar exclusivamente em função do interesse público.

INTEGRIDADE

Os titulares de cargos públicos devem evitar colocar-se sob qualquer obrigação para com pessoas ou organizações que possam tentar influenciá-los indevidamente no seu trabalho. Não devem atuar ou tomar decisões com o objetivo de obter benefícios financeiros ou outros benefícios materiais para si próprios, para a sua família ou para os seus amigos. Devem declarar e resolver quaisquer interesses e relações.

OBJECTIVIDADE

Os titulares de cargos públicos devem atuar e tomar decisões de forma imparcial, justa e com base no mérito, utilizando as melhores provas e sem discriminação ou preconceitos.

RESPONSABILIDADE

Os titulares de cargos públicos são responsáveis perante o público pelas suas decisões e acções e devem submeter-se ao controlo necessário para o garantir.

ABERTURA

Os titulares de cargos públicos devem atuar e tomar decisões de forma aberta e transparente. As informações não devem ser ocultadas ao público, a menos que existam razões claras e legais para o fazer.

HONESTIDADE

Os titulares de cargos públicos devem ser verdadeiros.

LIDERANÇA

Os titulares de cargos públicos devem demonstrar estes princípios no seu próprio comportamento. Devem promover ativamente e apoiar firmemente os princípios e estar dispostos a contestar os maus comportamentos sempre que estes ocorram.

Uma declaração concisa e bem divulgada, tal como um código de conduta, das normas e princípios éticos fundamentais que orientam o serviço público, por exemplo, sob a forma de um código de conduta, pode atingir este objetivo, criando um entendimento partilhado em todo o governo e na comunidade em geral.

❖ QUADRO JURÍDICO

As normas éticas devem refletir-se no quadro jurídico. O quadro jurídico constitui a base para a comunicação das normas e princípios mínimos obrigatórios de comportamento de todos os funcionários públicos. As leis e os regulamentos podem enunciar os valores fundamentais do serviço público e devem fornecer o quadro para a orientação, a investigação, a ação disciplinar e a ação penal.

❖ ORIENTAÇÃO ÉTICA

Os funcionários públicos devem ter acesso a uma orientação ética. A socialização profissional deve contribuir para o desenvolvimento do discernimento e das competências necessárias para que os funcionários públicos possam aplicar os princípios éticos em circunstâncias concretas. A formação facilita a consciencialização ética e pode desenvolver competências essenciais para a análise ética e o raciocínio moral. Um avanço imparcial pode ajudar a criar um ambiente em que os funcionários públicos estejam mais dispostos a confrontar e resolver tensões e problemas éticos. Devem ser disponibilizados mecanismos de orientação e de consulta interna para ajudar os funcionários públicos a aplicar as normas éticas básicas no local de trabalho.

❖ DIREITO E OBRIGAÇÃO DO FUNCIONÁRIO PÚBLICO

Os funcionários públicos devem conhecer os seus direitos e obrigações quando denunciam actos ilícitos. Os funcionários públicos devem saber quais são os seus direitos e obrigações em termos de denúncia de irregularidades reais ou suspeitas no âmbito da função pública. Estes devem incluir regras e procedimentos claros a seguir pelos funcionários e uma cadeia formal de responsabilidades. Os funcionários públicos também precisam de saber qual a proteção de que dispõem em caso de denúncia de irregularidades.

❖ O EMPENHAMENTO POLÍTICO NO REFORÇO DA CONDUTA ÉTICA

O empenhamento político na ética deve reforçar a conduta ética dos funcionários públicos. Os líderes políticos são responsáveis por manter um elevado padrão de correção no exercício das suas funções oficiais. O seu empenhamento é demonstrado através do exemplo e da adoção de medidas que só podem ser tomadas a nível político; por exemplo, através da criação de disposições legislativas e institucionais que reforcem o comportamento ético e criem sanções contra actos ilícitos; através da disponibilização de apoio e recursos adequados para as actividades relacionadas com a ética em todo o governo; e através da prevenção da exploração das regras e leis de ética para fins políticos.

❖ TRANSPARÊNCIA E CONTROLO ABERTO

O processo de tomada de decisões deve ser transparente e aberto ao controlo. O público tem o direito de saber como as instituições públicas aplicam o poder e os recursos que lhes são confiados. O controlo público deve ser facilitado por processos transparentes e democráticos, pelo controlo do poder legislativo e pelo acesso à informação pública. A transparência deve ser reforçada por medidas como os sistemas de divulgação e o reconhecimento do papel de uma comunicação social ativa e independente.

❖ INTERACÇÃO ENTRE OS SECTORES PÚBLICO E PRIVADO

Devem existir orientações claras para a interação entre os sectores público e privado. Regras claras que definam normas éticas devem orientar o comportamento dos funcionários públicos nas suas relações com o sector privado; por exemplo, no que se refere aos contratos públicos, à externalização ou às condições de emprego público. A crescente interação entre os sectores público e privado exige que se preste mais atenção aos valores do serviço público e que se exija aos parceiros externos que respeitem esses mesmos valores.

❖ CONDIÇÕES E GESTÃO DOS RECURSOS HUMANOS

As condições da função pública e a gestão dos recursos humanos devem promover uma conduta ética. As condições de emprego na função pública, como as perspectivas de carreira, o desenvolvimento pessoal, a remuneração adequada e as políticas de gestão dos recursos humanos, devem criar um ambiente propício a um comportamento ético. A utilização coerente de princípios básicos, como o mérito, no processo quotidiano de recrutamento e promoção ajuda a operacionalizar a integridade na função pública.

❖ MECANISMO DE RESPONSABILIZAÇÃO

Devem ser criados mecanismos adequados de responsabilização no âmbito da função pública. Os funcionários públicos devem ser responsáveis pelas suas acções perante os seus superiores e, de um modo mais geral, perante o público. A responsabilidade deve centrar-se tanto no cumprimento das regras e dos princípios éticos como na obtenção de resultados. Os mecanismos de responsabilização podem ser internos a uma agência, bem como a nível de todo o governo, ou podem ser fornecidos pela sociedade civil. Os mecanismos que promovem a responsabilização podem ser concebidos de modo a proporcionar controlos adequados, permitindo ao mesmo tempo uma gestão adequadamente flexível.

❖ PROCEDIMENTOS E SANÇÕES PARA LIDAR COM A MÁ CONDUTA

Devem existir procedimentos e sanções adequados para lidar com a má conduta. Os mecanismos de deteção e investigação independente de actos ilícitos, como a corrupção, são uma parte necessária de uma infraestrutura ética. É necessário dispor de procedimentos e recursos fiáveis para controlar, comunicar e investigar as infracções às regras do serviço público, bem como de sanções administrativas ou disciplinares adequadas para desencorajar a má conduta. Os gestores devem usar de discernimento na utilização destes mecanismos quando for necessário tomar medidas.

❖ LIDERANÇA PELO EXEMPLO

Um dos princípios é que os gestores devem demonstrar e promover uma conduta ética. Larbi argumenta que o empenhamento político na reforma ética é um requisito fundamental para a eficácia de outros elementos da infraestrutura ética (Larbi 2001). Num ambiente de trabalho em que são proporcionados incentivos adequados, o comportamento ético tem um impacto direto na prática diária dos valores e das normas éticas do serviço público. Esses incentivos podem incluir condições de trabalho adequadas e uma avaliação eficaz do desempenho. Os gestores têm um papel importante a este respeito, proporcionando uma liderança coerente e servindo de modelos em termos de ética e conduta na sua relação profissional com os dirigentes políticos, os cidadãos e outros funcionários públicos.

Além disso, as políticas e práticas de gestão devem demonstrar o empenhamento de uma organização em respeitar as normas éticas. Não é suficiente que os governos tenham apenas estruturas baseadas em regras ou no cumprimento das mesmas. Os sistemas de conformidade, por si só, podem inadvertidamente encorajar alguns funcionários públicos a funcionar simplesmente no limite da má conduta, argumentando que, se não estão a violar a lei, estão a agir eticamente. A política governamental deve não só delinear as normas mínimas, abaixo das quais as acções de um funcionário público não serão toleradas, mas também facilitar a consciencialização ética e articular claramente um conjunto de valores de serviço público a que os funcionários devem aspirar.

A liderança dos altos funcionários deve inspirar respeito. Sem liderança a partir do topo, qualquer tentativa de realizar reformas importantes num ambiente de corrupção sistémica estará condenada ao fracasso. A liderança pessoal é vital e um líder deve ser visto como não estando apenas a dizer banalidades. No entanto, tal como as leis, por si só, não são suficientes para realizar reformas quando a corrupção é sistémica, também a liderança não é suficiente. Podem ser criadas coligações para apoiar a liderança, mas há um perigo quando estas coligam interesses cujo passado é questionável. No entanto, se apenas os grupos não manchados por suspeitas ou problemas de corrupção passados forem admitidos numa coligação, o seu número será demasiado reduzido. O importante é que os parceiros da coligação se comprometam a construir um novo futuro e que, depois de assumirem esse compromisso, sejam obrigados a cumpri-lo.

REFORMA PAGAMENTAL

Os incentivos para que os funcionários públicos rejeitem a corrupção e trabalhem de forma eficiente são muito maiores se o sistema de remuneração se basear no princípio da meritocracia. Quando os salários e as promoções dependem claramente do respeito pelas regras de conduta e do bom desempenho dos funcionários públicos, estes serão menos corruptos e mais eficientes no seu trabalho, e darão mais valor ao próprio trabalho. Por conseguinte, o despedimento ou a despromoção tornam-se um assunto muito mais sério. Isto, por sua vez, significa que têm de existir mecanismos disciplinares adequados e eficazes. A reforma salarial é, por conseguinte, apenas um dos vários incentivos que têm de ser abordados e não pode ser isolada.

Se os funcionários públicos não recebem um salário digno, os incentivos para exigir subornos são consideráveis. As reformas salariais que criam salários dignos para os funcionários públicos podem, por conseguinte, reduzir potencialmente a pequena corrupção e garantir uma maior integridade na função pública. Entre as medidas destinadas a criar incentivos para um comportamento livre de corrupção, devem também ser incluídos os chamados "benefícios sociais". Por exemplo, os funcionários públicos reformados devem receber subsídios mensais. Do mesmo modo, os funcionários públicos que forem apanhados em *flagrante delito* - a receber subornos ou outros benefícios corruptos - devem perder automaticamente os seus benefícios sociais.

As reformas salariais podem também tentar tornar os salários do sector público competitivos em relação aos salários do sector privado, a fim de atrair trabalhadores mais qualificados. Um melhor capital humano aumenta a eficiência do sector público e pode induzir um melhor cumprimento dos códigos de conduta.

❖ RECRUTAMENTO E PROMOÇÃO

As disposições institucionais para a seleção, o recrutamento, a promoção e o despedimento de funcionários públicos são fundamentais para o bom funcionamento do sector público e a melhor forma de as estabelecer é através de legislação. As pessoas certas têm de ser atraídas para os lugares certos. Isto, por sua vez, significa que os próprios cargos devem ser suficientemente atractivos para os cidadãos qualificados e constituir uma alternativa viável ao sector privado.

Um serviço público cujos membros são nomeados e promovidos com base no mérito será muito menos suscetível à corrupção do que um serviço baseado predominantemente em ligações políticas e pessoais. Numa meritocracia, os funcionários são promovidos com base no seu desempenho e devem as suas posições, pelo menos em parte, ao público que servem. Quando os cargos são obtidos através de ligações poderosas, a lealdade é para com a ligação e não para com a instituição para a qual a pessoa foi nomeada. Frequentemente, o beneficiário de uma nomeação deste tipo procurará o seu patrono para o proteger se tiver dificuldades. As pessoas nomeadas por partidos políticos podem colocar problemas particularmente difíceis para os gestores que podem ter menos contactos.

❖ DENÚNCIA DE IRREGULARIDADES

Denúncia significa chamar a atenção para um ato ilícito que está a ocorrer numa organização. Podem existir disposições especiais, como "linhas diretas" dentro da organização ou do gabinete, ou uma linha direta interdepartamental especialmente criada para determinadas questões, como o contrabando ou a corrupção, a fim de facilitar a denúncia de irregularidades. O denunciante é por vezes designado por "delator", "informador" ou "garganta profunda". Existem quatro formas de denunciar:

Comunicar irregularidades ou violações da lei às autoridades competentes (como um supervisor, uma linha direta ou um inspetor-geral)

Recusar-se a participar em irregularidades no local de trabalho, testemunhar num processo judicial, divulgar provas de irregularidades aos meios de comunicação social.

É claro que as denúncias são feitas no sector privado, mas como é suposto o governo ser aberto e transparente, a divulgação total de comportamentos pouco éticos ou ilegais na esfera pública é particularmente importante.

Nem todos os problemas na esfera pública são, no entanto, gerados dentro da organização governamental; fornecedores externos, empreiteiros e indivíduos podem participar e até mesmo criar, por exemplo, corrupção, fraude e desvio de fundos.

A denúncia de irregularidades está relacionada com a ética porque representa o entendimento de uma pessoa, a um nível profundo, de que uma ação da sua organização é prejudicial; que interfere com os direitos das pessoas, é injusta ou prejudica o bem comum. A denúncia de irregularidades também apela às virtudes, especialmente à coragem, uma vez que a defesa de princípios pode ser uma experiência punitiva. Apesar de as leis protegerem os denunciantes de represálias, as pessoas que se sentem ameaçadas pelas revelações podem ostracizar o denunciante, marginalizando-o ou mesmo forçando-o a abandonar o cargo público.

Por outro lado, houve ocasiões em que o papel de delator ganhou respeito e foi catapultado para cargos mais elevados.

PRESENTES E GRATIFICAÇÕES

É essencial que existam regras e regulamentos claros sobre o que os trabalhadores têm direito a receber no decurso do seu trabalho e sobre a forma como estas ofertas devem ser registadas. Num contexto privado, os presentes não são normalmente solicitados e destinam-se a transmitir um sentimento, como a gratidão, por parte de quem os oferece. Não existe qualquer expetativa de reembolso. Os presentes dados num contexto puramente privado não são o foco desta discussão.

No entanto, os presentes também são oferecidos a indivíduos no decurso de relações comerciais. Estes presentes são geralmente oferecidos para criar um sentimento de obrigação no recetor.

O facto de um funcionário público receber, de forma corrupta, uma dádiva ou um benefício constitui uma infração penal em todos os países. Como distinguir, então, um funcionário público entre uma dádiva e um suborno? Uma prenda pode ser oferecida inocentemente e de boa fé ou pode ser uma tentativa de influenciar o funcionário. O presenteador pode ter vários motivos, que vão desde a amizade, a hospitalidade e a gratidão até ao suborno e à extorsão. Num contexto empresarial, raramente são oferecidos presentes a uma pessoa por razões puramente caritativas ou hospitaleiras. Tal pode ser o caso se a oferta ou benefício tiver pouco ou nenhum valor comercial, como uma recordação ou uma bugiganga. No entanto, nos casos em que o presente ou benefício tem mais do que um valor nominal, é possível que tenha sido oferecido para criar um sentimento de obrigação e mesmo uma expetativa de que algo será dado em troca.

❖Clientelismo, favoritismo, nepotismo

O clientelismo, em termos gerais, incluindo várias formas de favoritismo (das quais o nepotismo é um tipo particular), representa uma forma particular de conflito de interesses. O clientelismo representa uma situação em que uma pessoa (um funcionário eleito ou um funcionário público empregado) utiliza o seu poder público para obter um favor para um membro da sua família, para o seu grupo étnico ou religioso, partido político, amigos ou outro interesse a que tenha aderido.

O favoritismo ou compadrio é um mecanismo de abuso de poder que implica a "privatização" e a distribuição parcial dos recursos do Estado. Favoritismo é a concessão de cargos ou benefícios a amigos e familiares, independentemente do mérito. O favoritismo é, muito simplesmente, a propensão humana normal para favorecer amigos, familiares e qualquer pessoa próxima e de confiança.

Na esfera política, o favoritismo é a tendência dos funcionários do Estado e dos políticos, que têm acesso aos recursos do Estado e o poder de decidir sobre a sua distribuição, para dar tratamento preferencial a certas pessoas aquando da distribuição dos recursos. O objetivo é manter e prolongar o poder, a posição e a riqueza de cada um.

O clientelismo é a propensão bastante comum para favorecer os membros do seu parentesco (família, clã e tribo, grupo étnico, religioso ou regional). Na maioria dos sistemas não democráticos, o presidente tem, por exemplo, o direito constitucional de nomear todos os cargos de alto nível. Este direito pode facilmente atingir várias centenas de cargos nos ministérios, no aparelho militar e de segurança, nas empresas e agências para-estatais e públicas, no corpo diplomático e no partido no poder. Este direito legal ou consuetudinário alarga, naturalmente, as possibilidades de (e intensifica) todos os tipos de favoritismo.

O nepotismo é a forma especial de favorecimento de membros da família (mulher, irmãos e irmãs, filhos, sobrinhos, primos, sogros, etc.). Trata-se de uma forma especial de favoritismo, em que um titular de um cargo (governante) com direito a fazer nomeações prefere nomear para cargos proeminentes os seus familiares diretos. Muitos presidentes sem restrições tentaram assegurar a sua (precária) posição de poder nomeando membros da família para cargos políticos, económicos e militares/de segurança fundamentais no aparelho de Estado. Quando "bem sucedidos", os sistemas profundamente nepotistas aproximam-se de uma "máfia", devido à partilha de "valores" e lealdades familiares. Outros tipos de favoritismo são, por exemplo, quando certas pessoas são encarregadas de comprar propriedade pública privatizada (a baixo preço), ou recebem preferências, empréstimos garantidos ou subvencionados pelo Estado, ou são selecionadas como empresários para obras públicas, nomeadas para representar interesses empresariais em vários conselhos e comissões públicas, e recebem outros privilégios através de várias políticas económicas. Através destes mecanismos, muitos políticos e burocratas têm conseguido passar de cargos públicos para negócios privados, transferindo o poder público para a riqueza privada. O(s) tipo(s) de favoritismo que será(ão) preferido(s) em cada caso depende(m) das necessidades políticas e estratégicas do momento e dos padrões culturais e sociais.

O favoritismo não é apenas um problema jurídico e processual, mas também um problema de qualificações deficientes, falta de competências e ineficiência. Além disso, quando a posição pública está fortemente correlacionada com as possibilidades de práticas corruptas e extractivas, o favoritismo pode garantir prerrogativas e lucros substanciais a certas famílias, clãs e subgrupos sociais. O nepotismo pode causar conflitos de lealdade em qualquer organização, sobretudo quando um familiar é colocado sob supervisão direta de outro. Estas situações devem ser evitadas.

Talvez não seja surpreendente que nem todos os países disponham de leis contra o antinepotismo, por muito desejáveis que sejam. Quando estas não existem, o favoritismo demonstrado em relação a um familiar tende a ser tratado através de proibições legais. Estas incluem proibições contra privilégios injustificados, interesses financeiros pessoais diretos ou indirectos que possam razoavelmente prejudicar a objetividade e a independência de julgamento, ou a aparência de impropriedade.

Os princípios básicos para lidar com o favoritismo e o nepotismo no sector público são a salvaguarda e a promoção da *meritocracia* (imparcialidade em todos os processos de recrutamento e seleção); *a concorrência* (por exemplo, assegurando que as vagas de emprego são publicitadas abertamente e que os anúncios são elaborados de forma a refletir adequadamente os requisitos do emprego e a maximizar o potencial campo de candidatos, e que os candidatos são selecionados de acordo com estes critérios), a abertura (especialmente no que diz respeito às decisões de recrutamento e seleção) *integridade* (incluindo sanções claramente definidas em caso de incumprimento das políticas e práticas estabelecidas e pessoas independentes envolvidas nos processos de tomada de decisão) e a possibilidade de *recurso* (de modo a que os candidatos não selecionados, mas qualificados, que considerem que não foram seguidos os procedimentos adequados, possam recorrer a uma autoridade adequada para uma revisão independente do processo e do seu resultado).

MECANISMOS INSTITUCIONAIS DE CONTROLO DO COMPORTAMENTO ÉTICO NA NIGÉRIA

As medidas que o governo central tomou ao longo dos anos para travar a maré de comportamentos pouco éticos na vida pública nigeriana tiveram expressão na criação de instituições e programas de reorientação, tais como Unidade Especial de Fraude da Força Policial da Nigéria; Guerra contra a Indisciplina/Corrupção; Comissão de Crimes Económicos e Financeiros (EFCC); Gabinete do Código de Conduta (CCB); Tribunal do Código de Conduta (CCT); Comissão de Queixas Públicas (instituição do Provedor de Justiça da Nigéria); Comissão Independente para as Práticas de Corrupção e outras Infracções Conexas (ICPC); Unidade de Controlo Orçamental e de Inteligência de Preços (BMPIU), também conhecida por "Mecanismo do Devido Processo".

A Unidade Especial de Fraude da Força Policial da Nigéria é anterior à criação da EFCC em 2002 e deveria desempenhar funções semelhantes às da EFCC. Não conseguiu dar um impulso efetivo à luta contra a corrupção, talvez devido a factores operacionais e a questões relacionadas com o "fator nigeriano".

A guerra contra a indisciplina/corrupção foi iniciada pelo regime militar de Buhari/ Idiagbon. Tinha uma postura draconiana e especificava penas duras para certas categorias de infracções, com o objetivo de inculcar a disciplina geral e a sanidade na vida pública nigeriana, mas evaporou-se com o fim desse regime.

A EFCC foi criada por uma lei de 2002. A lei atribui à comissão a responsabilidade pela aplicação de todas as leis relativas aos crimes económicos e financeiros, entre outras, e as suas principais funções foram definidas na Parte II da lei. Além disso, a parte II, secção 6, subsecção 2, da lei especifica a responsabilidade da EFCC na aplicação das disposições de outras leis e regulamentos relativos aos crimes económicos e financeiros, que incluem A Lei sobre o Branqueamento de Capitais de 1995; a Lei sobre a Fraude de Taxas Antecipadas e outras Leis relacionadas com a Fraude de 1995; a Lei sobre Bancos Falidos (Recuperação de Dívidas) e Práticas Financeiras Ilícitas nos Bancos de 1994, na sua versão alterada; a Lei sobre Bancos e outras Instituições Financeiras de 1991, na sua versão alterada; a Lei sobre Infracções

Diversas; e qualquer outra lei ou regulamento relativo a crimes económicos e financeiros (Ezeani, 2006, 406).

A Comissão (EFCC) tem sido acusada de (ser culpada de) execução selectiva do seu mandato, especialmente durante a administração democrática de Obasanjo, quando foi rotulada como um instrumento de vingança contra inimigos políticos e críticos do governo. As críticas atingiram um ponto alto durante os anos do falecido Presidente Yar'adua, quando se considerou que a ação estava a ser levada a cabo de forma hesitante, e, atualmente, a guerra anti-corrupção está a ser ridicularizada como "vacilante". Ezeani (2006, 406) documentou, no entanto, que a EFCC registou algumas realizações durante o mandato de Mallam Nuhu Ridabu como presidente, citando a recuperação de dinheiro e bens no valor de mais de 500 mil milhões de euros de funcionários públicos e indivíduos corruptos. Isto para além das 35 condenações que a EFCC obteve através da acusação de pessoas públicas e privadas corruptas.

O Gabinete do Código de Conduta deve a sua existência à secção 153, subsecção 1a, da Constituição da República Federal da Nigéria de 1999. A sua visão é manter a retidão no serviço público e a sua missão é estabelecer elevados padrões de moralidade na condução dos assuntos públicos através da aplicação do Código de Conduta dos funcionários públicos. Tem o mandato de assegurar que as acções e o comportamento dos funcionários públicos estejam em conformidade com os mais elevados padrões de moralidade e responsabilidade públicas (Ekoja, 2011, 1-2).

Tem o dever de fazer cumprir o Código de Conduta dos funcionários públicos, tal como consta do quinto Programa (Constituição de 1999), parte I, parágrafos 1-14. Esta tarefa tem sido dificultada por alguns desafios, entre os quais o quadro jurídico que confere à Mesa o poder de conservar as declarações de bens dos funcionários públicos e de as disponibilizar para inspeção por qualquer cidadão da Nigéria, nos termos e condições que a Assembleia Nacional determinar. A incapacidade ou omissão da Assembleia Nacional, após doze anos de prática democrática, em prescrever tais termos e condições é considerada um desafio de peso no desempenho dos deveres constitucionais da CCB. Outros desafios incluem: falta de vontade política e aparente insinceridade por parte do governo na luta contra a corrupção; ambiente propício à violação dos Códigos de Conduta; fraca cultura de leitura dos nigerianos; falta de proteção dos denunciantes; insuficiência de financiamento e de recursos humanos (Ekoja, 2011,4).

O Tribunal do Código de Conduta é um subproduto necessário do CCB e a sua existência está ligada à secção 15 do quinto programa da Constituição da República Federal da Nigéria de 1999. A estrutura e o funcionamento do Tribunal foram discutidos numa secção anterior do presente documento; basta dizer que o Tribunal parece muito frio na guerra contra a corrupção.

A Comissão de Queixas Públicas foi inicialmente criada ao abrigo do Decreto 31 de 1975 e subsequentemente incorporada nas Leis da Federação de 1990 como Lei da Comissão de Queixas Públicas, Cap. 337. A secção 1, subsecção 1, do Decreto 31 de 1975 contém a citação e a estrutura da Comissão (Ezeani, 2006, 407).

A secção 4(2) do decreto confere ao comissário poderes para investigar, por sua própria iniciativa ou na sequência de queixas que lhe sejam apresentadas por qualquer outra pessoa, qualquer ação administrativa tomada por qualquer nível de governo, ministério, departamento ou agência do governo no âmbito das questões enumeradas na secção 4, sub-secção 3d do decreto de 1975.

As matérias isentas de investigação estão contidas na secção 5 do decreto de 1975. Ezeani (2006:409) referiu que a comissão registou algumas realizações, aludindo ao facto de, em 2000, ter recebido 11 832 casos, tendo resolvido satisfatoriamente 5 283, enquanto 6 549 estavam pendentes. O grande número de casos pendentes em comparação com o número limitado de queixas/casos que recebe foi severamente criticado e a comissão precisa de fazer mais e de dar mais atenção à publicidade nas suas operações.

A ICPC entrou em vigor com a Lei sobre Práticas de Corrupção e outras Infracções Conexas de 2000, assinada pelo Presidente Obasanjo em 13 de junho de 2000. A Lei de 2000 é o instrumento jurídico que permite a criação da ICPC e a Comissão foi inaugurada em 29 de setembro de 2000 com um presidente e doze membros. A secção 6(a-f) da Lei de 2000 define as funções da Comissão. Entre outros aspectos, a Comissão tem o mandato de proibir e punir os actos de corrupção e outras infracções conexas. Tem havido queixas/comentários no domínio público de que a ICPC e a EFCC representam uma duplicação de funções. No entanto, Akanbi (presidente pioneiro da ICPC) tem uma opinião diferente. "A ICPC tinha como principal objetivo tratar de casos de corrupção, de inflação de contratos, de nepotismo... (e a EFCC) trata de casos de crimes económicos e de branqueamento de capitais. São duas coisas diferentes" (Akanbi, 2012, 31).

A Unidade de Controlo Orçamental e de Informação sobre os Preços (BMPIU) tem por missão executar o programa de reforma dos contratos públicos da Nigéria. Foi uma iniciativa da administração do Presidente Obasanjo no ano 2001 e foi concebida para reforçar a transparência e a responsabilidade na gestão dos recursos públicos. Ezeani (2006, 410), com base em BMPIU (2005, 1), documentou que "a Nigéria tinha, no passado, perdido várias centenas de milhares de milhões de Naira devido ao abuso flagrante dos procedimentos de adjudicação de contratos públicos, à inflação dos custos dos contratos, à falta de transparência, à concorrência baseada na competência e no mérito como critérios fundamentais para a adjudicação de contratos públicos".

Os principais objectivos e funções da BMPIU foram concebidos para corrigir os males acima mencionados, instituir a sanidade, a transparência, a responsabilidade e as normas/melhores práticas internacionais em matéria de contratos públicos. Este mecanismo de "processo equitativo" terá "feito baixar os custos dos contratos e poupado ao governo cerca de 60 mil milhões de euros nos últimos dois anos" (Obasanjo, 2003 in Ezeani, 2006, 411)

CAPÍTULO 7

CONCLUSÃO

Neste livro, chama-se a atenção para os modestos resultados alcançados através dos esforços destinados a travar a decadência e o colapso dos comportamentos éticos nos sistemas da Função Pública entre os funcionários públicos. A mensagem central deste livro é a ameaça repugnante do comportamento pouco ético entre os funcionários públicos no sector público e a necessidade de o país se empenhar na implementação de algumas das medidas corretivas propostas e de um segmento ou departamento no governo ou no sector público atuar como cão de guarda tanto da Comissão Federal da Função Pública como da Comissão Estatal da Função Pública para levar a tribunal os infractores da ética destinada a regular e orientar as comissões.

As listas acima apresentadas (de possíveis formas de travar a corrupção política e administrativa), bem como o esboço das reformas administrativas e a forma de gerir os conflitos de interesses, demonstram que existem muitas formas possíveis de estabelecer normas éticas e de criar uma "infraestrutura ética" ou um "regime ético". As reformas efetivamente necessárias dependerão do tipo de problema de corrupção existente em cada país e do tipo de deficiências existentes no sistema de integridade de cada país. Não existe uma medida única que possa resolver facilmente o problema. A criação de uma infraestrutura ética eficiente e funcional leva tempo. Além disso, cada elemento depende dos outros.

O estudo examinou as normas e práticas éticas no sector público da Nigéria do ponto de vista dos profissionais de recursos humanos e concluiu que a promoção das normas e práticas éticas no sector é reduzida, uma vez que o departamento de recursos humanos não faz parte da infraestrutura ética do sector público. O estudo também concluiu que as más condições de trabalho são responsáveis por normas e práticas pouco éticas no sector público da Nigéria.

De acordo com a SHRM (2009), muitos consideram que o pessoal dos recursos humanos não faz parte da infraestrutura ética, mas são frequentemente solicitados a prestar assistência ou a remediar situações causadas por violações éticas.

O papel do profissional de recursos humanos na abordagem das questões éticas no local de trabalho é inevitável. O envolvimento dos profissionais de RH, de acordo com Williams e Redmond (2005), *pode ajudar as suas organizações a garantir a disponibilidade de comunicações não filtradas, a identificação precoce de potenciais e efectivos actos de má-fé e outros comportamentos não éticos, e medidas eficazes para evitar que os problemas se repitam.* O governo tem de aceitar toda a ajuda possível e a correta. O sector público deve elevar a meritocracia e instituir um sistema de recompensas baseado em valores.

Os benefícios de um sector público eficiente são enormes, não só no que se refere à redução dos custos de governação, mas também à melhoria da qualidade de vida das pessoas. É importante que o sector público disponha de um sistema viável para identificar e resolver problemas de ética. Esse sistema deve ser aberto, acessível e independente da burocracia de gestão e incentivar a denúncia de irregularidades.

Conclui-se assim (com base nos resultados) que, para que as normas e práticas éticas no sector público da Nigéria sejam bem sucedidas, o apoio e o empenhamento do governo são essenciais e o governo deve fornecer a orientação para que o sector público se erga e acompanhe os tempos.

REFRÊNCIAS.

1. O. J. K. Ogundele, *Gestão e Administração Comparadas,* 2. ed., Palmgrove, Lagos Concept Publication Limited, 2010, pp. 515, 524, 526-531.

[2] A. O. Akinyemi, "Effective business training and practice: The Ethical Side", em *Adeseye et al.,* [Edição], Polytechnic Education in Nigeria: Problems and Prospects, Lagos, 2002, Bolufemi Enterprises, pp. 268-291.

[3] R. H. Gray, "Business ethics and organizational change," *Leadership and Organizational Development Journal,* vol. 11, no. 3, pp. 12-21, 1990.

[4] P. H. Appleby, "Morality and administration", *Baton Rough,* 3ª edição, Louisiana State University Press, pp. 482-484.

[5] Revista Time. (4 de julho de 2013). [Online]. Disponível: http://www.time.com/time/magazine/article.

[6] O. Azuka, "Mixing up corruption with divine blessing", *Monday Punch Newspaper*, pp. 6, 13 de maio de 2013.

[7] A. O. Adebayo "Act of indiscipline among students," N. C. E dissertation, English Department, Osun State College of Education, 2004.

[8] N. Chucks, *Corruption in Nigeria Exposed,* 1ª Edição, Lagos, Conceito Publication Limited, 2012, pp. 282, 492-494.

[9] O. Obasanjo, "Address on the occasion of the formal Signing into lawowof corrupt practices and other related offences act", Abuja, Nigéria, 2000.

[10] J. Owuamanam "18 soldados em julgamento por ajudarem o Boko Haram", *The Jornal Punch,* terça-feira, 2 de julho de 2013.

[11] *Ogundeleet al.* Desafios da ética na Nigéria no contexto global contexto. [Online]. Disponível: http://www.lasu.edu.ng/.../AG.

[12] W. Sally, *Oxford Advanced Learner's Dictionary of Current English,* 8ª edição, 2010, Oxford University Press, pp. 395.

[13] J. B. Wilbug, "Self - Interest and community", *Journal of Business Ética,* vol. 7, pp. 453-458, 1998.

[14] AGARA, T e O. OLARINMOYE, Ethics and Accountability in Nigeria's Public Service: An Historical Overview, in *Journal of Public Administration and Policy Research* 1 (1), 2009, pp. 011-018.

[15] AKANBI, M, Why Anti-Corruption War Is Not Yielding Quick Results, in *Newswatch*(June11), 2012, pp. 28 -31.

[16] AMUNDSEN, I e C. MICHELSON, Introduction to Public Setor Ethics, in *Public Setor Ethics, Compendium for Teaching at the Catholic University of Angola,* eds. I. AMUNDSEN e V.P. ANDRADE, *PUMA Policy Brief,* No 4, 1998, pp. 5-46.

[17.] CEDERBLOM, J. and C.J. DOUGHERTY, *Ethics at Work,* Wadsworth Publishing Belmont, California, 1995.

[18.] CHUKWUJEKWU, S.C., *A Basic Course in Ethics: Um estudo dos valores éticos,* Rex Charles e Patrick Ltd, Nimo, 2007.

[19] EKOJA, C.O., *The Code of Conduct Bureau,* sendo a comunicação apresentada na Conferência Nacional sobre os 50 anos da Administração Pública na Nigéria: Reflexões e Lições para o Futuro, organizada pelos Departamentos de Administração Pública, Universidade Estatal de Nasarawa, Keffi e Universidade de Abuja, Abuja, (27 de julho), 2011.

[20] EGWEMI, V., Corrupção e práticas corruptas na Nigéria: An Agenda for Taming the Monster, in *Journal of Sustainable Development in Africa,* 14 (3), 2012,pp. 72-85.

[21] EZEANI, E.O., *Fundamentals of Public Administration,* Zik-Chuks Publishers, Enugu, 2006.

[22] GOW, J.I., *A Practical Basis for Public Service Ethics,* documento para a *Conferência Anual da Associação Canadiana de Ciência Política,* Western University, Londres, Ontário, junho de 2005.

[23] HENRY, N., *Public Administration and Public Affairs,* (Sixth Edition), Prentice Hall of India, New Delhi, 1999.

[24] IKEANYIBE, M.O., *Principles and Practices of Public Personnel Administration: A Nigerian Perspective,* Perfect Image, Onitsha, 2009.

[25] IKEJIANI-CLARK, M., The Pathologies of Local Government Administration: Corruption/ Fraud, in *Contemporary Issues in Public Administration,* eds. E.J.C. DURU, M. IKEJIANI-CLARK, and D.O. MBAT, BAAJ International Company, Calabar / Benin, 2001,pp. 122137.

[26.] IYANDA, D.O., Corruption Definition, Theories and Concepts, in *Arabian Journal of Business and Management Review* (OMAN Chapter) 2 (4), 2012,pp. 37-45.

[27] MAESSCHALK, J, Approaches to Ethics Management in the Public Setor: A proposed Extension of the Compliance-Integrity Continuum, in *Public Integrity*, 7 (1) 2004, pp. 21-41.

[28] OLAKANMI and Co., *The Nigerian Constitutions: 1963; 1979; 1999 (A Compendium),* (Terceira Edição), Law Lords Publications, Abuja, 2008.

[29] POPKIN, R.H., A. STROLL e A.V. Kelly, *Philosophy Made Simple,* Heinemann, Londres, 1969.

[30]. RASHEED, S., Ethics and Accountability in the African Civil Service, in *DPMN Bulletin,* 3 (1), 1995, pp. 12-14 18. SWANTON, C., A Virtue Ethical Account of Right Action, in *Ethics* 112 (1), 2001, pp. 32-52

[31] THOMPSON, D.F., Moral Responsibility of Public Officials: The Problem of Many Hands, in *American Political Science Review* 74(Dec.), 1980, pp. 905-915.

[32] THOMPSON, D.F., Mediated Corruption: The Case of the Keating Five, in *American Political Science Review,* 87(2), 1993, pp. 369-381.

[33] THOMPSON, D.F., The Possibility of Administrative Ethics, in *Public Administrative Review,* Sept/Oct. 45, 1985, pp. 555-561

[34.] A CONSTITUIÇÃO DA REPÚBLICA FEDERAL DA NIGÉRIA [com as alterações que lhe foram introduzidas] 1999.

[35.] Lei sobre as queixas públicas, Cap. 377.

[36.] LEI DAS PRÁTICAS INDEPENDENTES E CORRUPTAS e OUTRAS INFRACÇÕES RELACIONADAS [ICPC] ACT, 2000.

MIX
Papier aus verantwortungsvollen Quellen
Paper from responsible sources
FSC® C105338

Printed by Books on Demand GmbH, Norderstedt / Germany